sodosi
travel

vol. 1 yeoncheon

지나온 세월을 고스란히 품은 채 미래로 스며, 땅에 기록되는 시간.
Ground records time, embaracing the future
with the years that have already passed.

우리가 태어나기 전부터 이곳을 지켰을 바위는 빗물과 바람에 주름지고,
강을 따라 갈래갈래 접힌 벽화는 가을이 되면 붉게 물든다.
Rainwater and the wind wrinkles the rock that proctects this place
even before we were born. A mural along the river turns red in autumn.

이별이자 만남인 이곳은 남과 북으로 자유롭게 흐를 날을 기다린다.
This place, which is a farewell and meeting,
waits for a day when it will flow freely to the South and the North.

흘러가는대로 거닐며 나른하고 한가로운 여행을 한다.
We take a languid and leisurely journey as it goes.

sodosi
travel

Contents

12
발행인의 글

14
GEO Activity
와썹
산척의 쉼터 산채
연천농촌관광CB센터

46
GEO Gift
너른나무
락도요
다빈치공방
연천석예원

78
GEO Travel
Noodle & Cafe
GEOPARK HIKING

32
GEO Food
연강술술 효연재
팜셰프에이룸

64
GEO House
연천캠핑협동조합
징파나루연수원
푸르내마을

92
에필로그

지금, 당신을 연천으로 초대하는 이유

도시의 밤은 밤새도록 꺼지지 않는 간판과 아파트 불빛으로 잠들지 못합니다. 그 위에 덩그러니 놓인 밤하늘은 모든 빛이 뒤섞인 붉은색. 온전히 제 모습을 보여주지 못하는 밤하늘은 빛나는 별을 숨깁니다.

시골의 밤. 밤이 가장 밤 다운 곳을 발견했습니다. 하늘과 땅의 색이 같아지는 시간, 어둠이 곳곳에 내려앉은 땅, 마주 본 하늘에 쏟아지는 별까지.

오래된 밤하늘 감상을 끄집어낸 이유는 소도시 트래블 매거진을 준비하면서 스스로 '여행이란 무엇일까?'란 질문에 쉽게 답하지 못하다 그럴싸한 대답을 찾아서입니다.

여행도 배달될 것 같은 요즘. 자신만의 방법으로 다양한 콘텐츠를 경험하는 여행자들을 볼 때 여행에 대한 정의가 의미가 있을까 싶습니다. 소도시 여행 콘텐츠를 소개하는 회사 입장에서 '이런 지역도 있어요.', '이런 여행도 알아주시면 감사해요' 정도의 마음입니다.

그래도 여행이란 뭘까요?

저는 일상에서 분리하기 어려운 자연의 시간을 찾아 떠나는 본능적인 행위라고 생각합니다. 산 정상에서 거칠게 내쉬는 숨과 농가 평상에 누워 바라본 하늘, 캠핑장 모닥불 앞에서 불멍을 즐기는 시간들 말이죠.

이번 매거진에서 소개하는 '연천'은 DMZ(비무장지대) 인접지역으로 70년 가까이 주요 군사시설이 자리해 산업적인 발전이 더딘 곳입니다. 북한측 초소와 가장 가까운 태풍 전망대는 연천군의 대표적인 평화관광지입니다. 그래서일까요. 연천군은 수도권에서 쉽게 접할 수 있는 아파트나 주거 단지, 물류센터, 대형 공장, 대학교 등이 없습니다.

대신 연천은 한탄강과 임진강의 물줄기가 감싸 흐르면서 새겨진 독특한 지형이 만들어내는 경이로움, 구석기시대부터의 역사와 문화를 경험할 수 있는 지역입니다. 연천군은 지난해 유네스코 임진강 생물권 보전지역으로 등재되었으며 올해는 한탄강 세계지질공원(UNESCO GEOPARK)으로 지정되어 오랜 세월 지켜왔던 생태환경의 우수성을 인정받았습니다.

소도시 트래블의 첫 시작은 서울에서 1시간 거리에 있는 연천을 여행하는 방법, 그 중에서 지구의 시간이 새겨진 땅을 경험할 수 있는 한탄강 국가지질공원의 지질 명소와 액티비티, 프로그램, 숙소, 음식, 기념품 등을 소개합니다.

소도시 트래블 연천으로 초대합니다.

발행인 강병호

GEO Activity

연천을 즐기는 새로운 방법

와썹카약

산척의 쉼터 산채

연천농촌관광CB센터

와썹카약

물결이는 임진강 물 위에서 카약을 타고 주상절리 바로 아래서 바라보는 풍경은
과연 압도적인 절경이다. 잠시 패들에서 손을 떼고 정면으로 적벽을 마주 본다.
물에 반영된 적벽이 만들어내는 장면은 기묘하기까지 하다.

> 무동력 스포츠인 카약을 타면 자연을 해치지 않으면서도 동이리 주상절리를 가장 가까이서 볼 수 있습니다.

한탄강과 임진강을 끼고 있는 연천엔 U자 협곡 지형이 많다. 분출하자마자 급격하게 식은 용암의 틈 사이를 파고든 강물이 오랜 세월 조금씩 지형을 깎아내어 만든 결과다. 그 가운데서도 미산면 동이리에 자리한 주상절리는 입이 떡 벌어질 위용을 자랑한다. 임진강 강물을 따라 장대하게 솟은 암벽의 높이는 40m에 육박하고 길이는 2km에 달한다. 보통 주상절리는 강 건너편에 멀찍이 서서 바라봐야 하지만 연천에서는 적벽 바로 아래서 강물 위를 찬찬히 노닐며 그 찬엄함을 실감할 수 있다.

'와썹'은 연천 지역 청년들이 의기투합해 만든 수상레저 스포츠 브랜드다. 카약을 타고서 자연이 수십 만 년 동안 조각해낸 한탄강 지질공원을 둘러보는 '지오 카약 투어링'을 운영한다. 강사 자격을 갖춘 청년들이 직접 가이드를 담당하므로 단순한 카약 체험을 넘어 이들의 '진짜배기' 지역 이야기와 지질에 관한 전문 해설까지 들을 수 있다는 점이 특별하다.

카약은 특별한 기술이나 높은 신체 능력을 요구하지 않는다. 거짓말 조금 보태서 자전거보다도 쉬운 편. 10여 분 정도 진행되는 교육과 비상시 행동요령만 충실히 숙지하면 남녀노소 누구나 즐길 수 있다.

지오 카약 투어링 풀코스는 임진교에서 시작해 동이대교에서 마무리되며 총 2시간 반 여가 소요된다. 난이도와 소요 시간에 따라 A 하프코스(임진교~물꽃캠핑장) 혹은 B 하프코스(물꽃캠핑장~동이대교)를 선택하는 것도 가능하다.

A 코스는 강의 수심이 얕고 유속이 느린 구간이라 초보자들에게 적합하다. 가이드의 안내에 맞춰 패들을 놀리고 임진교 아래 수면 위를 미끄러지듯 나아가자 탁 트인 임진강이 끝없이 펼쳐진다. 패들에 닿는 물소리와 바람이 간질이는 수풀 소리에 새 소리까지 겹친다. 마음이 절로 정화되는 시간. 접경 지역에서 자란 로컬 가이드가 들려주는 벙커 이야기도 흥미진진하다.

물꽃캠핑장에서 동이대교에 이르는 B 코스는 급류 구간을 포함하고 있어서 난이도가 약간 높지만, 가이드들의 리드를 잘 따르면 문제없다. 정신없이 휘몰아치는 급류를 뚫고 카약의 균형을 유지하며 강물을 헤쳐나가는 일은 정말이지 스릴만점이다. 몸을 적시는 시원한 바람과 물 덕에 일상의 스트레스도 한방에 날아간다. 짜릿한 급류 코스를 두 번 통과하고 다시 잔잔한 강에 다다르니 투어링의 하이라이트, 동이리 주상절리가 눈앞에 드러난다.

임진강 주상절리는 사계절 내내 멋지지만, 돌단풍으로 붉게 물든 늦가을의 적벽 모습은 가히 감동적이다. 주상절리의 탄생과 시간에 관한 지질 전문 해설사의 세세한 설명을 듣자 주변의 많은 것이 새삼 다르게 보인다. 자연의 위대함 앞에서 인간이란 한없이 작은 존재임을 다시금 새긴다.

"무동력 스포츠인 카약을 타면 자연을 해치지 않으면서도 동이리 주상절리를 가장 가까이서 볼 수 있습니다. 여기에 토박이만이 아는 동네 이야기와 팁, 전문 해설을 더해서 즐길 수 있다면 얼마나 좋을까, 그게 '진정한 투어링' 아닐까 하는 생각으로 시작했어요. 앞으로는 가이드가 되고자 하는 지역 주민들을 교육해서 양성하고, 투어링 코스도 점점 다양하게 넓혀갈 계획입니다."

카약을 타고 해설을 들으며 지질공원을 둘러볼 수 있는 곳은 현재 연천이 유일하다. 스릴과 힐링, 재미라는 세 마리 토끼를 모두 잡고 싶은 여행자들이라면 지오 카약 투어링을 주목하시길. 물살에 몸을 맡긴 채 수려한 풍광에 감탄하고 과거와 현재의 이야기까지 더듬어볼 수 있는, 이토록 이색적인 지질 여행이 당신을 기다리고 있다.

와썹카약

주소 연천군 군남면 진상리 673-2　**문의** watsup.modoo.at

산척의 쉼터 산채

'산척의 쉼터 산채'는 전통 목궁 연구소이자
우리 민족의 활쏘기 문화를 복합적으로 경험할 수 있는 활터다.

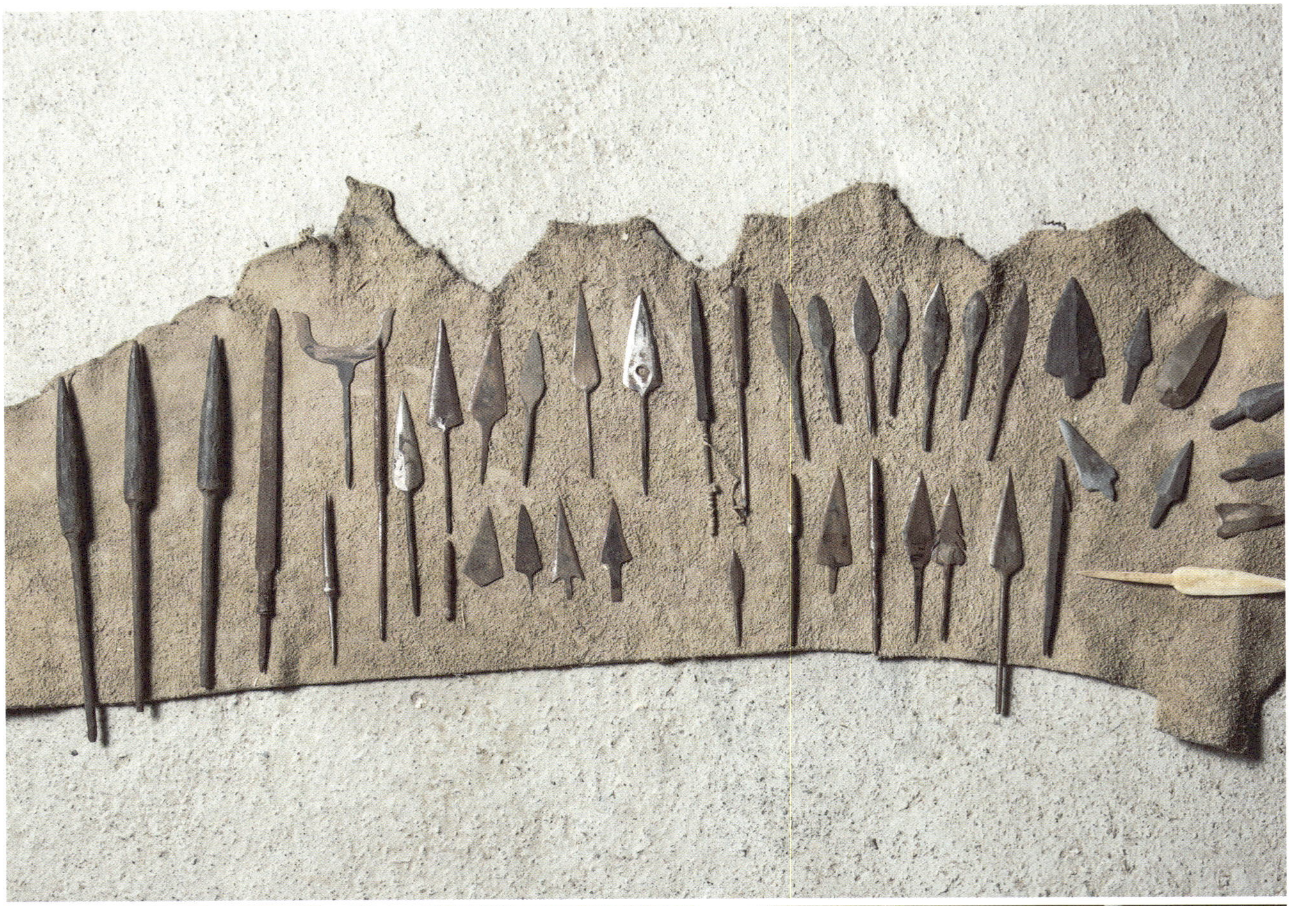

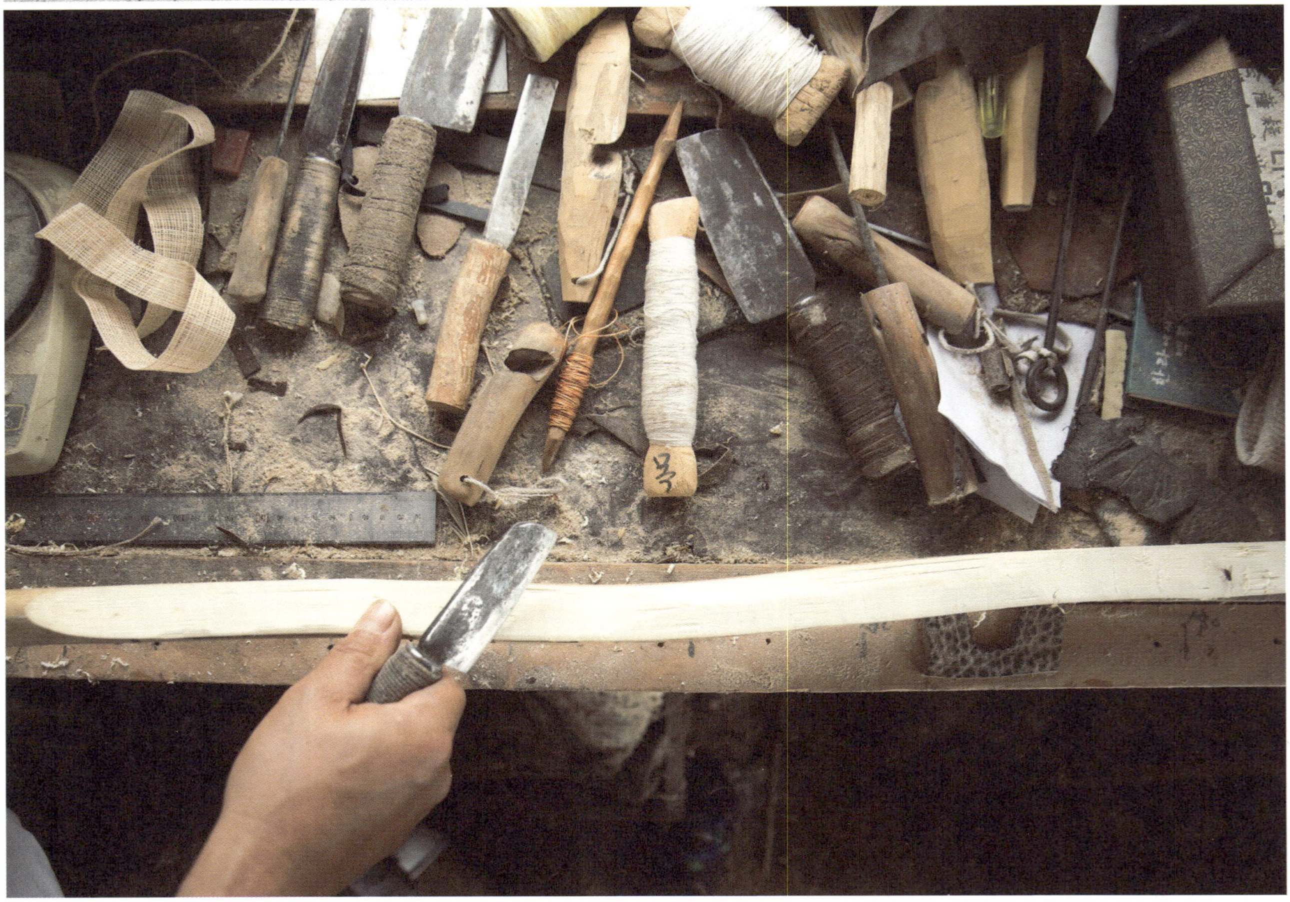
목

1

2

연천은 사냥의 땅이다. 연천의 주먹도끼는 창끝의 돌촉과 화살촉으로 사용됐다. 조선시대에는 공식 왕실 사냥터로, 세종대왕은 바쁜 일정 중에도 잊지 않고 은대리 가사평 벌판에 행차하여 군사훈련인 '강무'를 손수 챙기고 지휘했다. 일제강점기 중에도 활쏘기 대회가 열렸고, 활 사냥으로 얻은 고기와 가죽을 되팔아 먹고 사는 직업인 사냥꾼 '산척'도 많았다. 한마디로 날고 긴다는 궁사들이 이곳 연천에 모이곤 했다.

직업적 궁사들만 활을 쓴 것은 아니다. 일반 백성의 생활사에서도 활쏘기는 큰 비중을 차지했다. 다만 값비싼 물소 뿔로 만드는 '각궁'은 고위층의 전유물이었으므로, 서민들은 마을 뒷산에서 나무를 구해와 '목궁'을 만들어 썼다. 농부들은 농한기에 사냥을 나가 작은 들짐승이나 산짐승을 얻어왔고 노인들은 겨울철에 운동 삼아 활을 쐈다. 씨름 못지않게 인기가 좋은 민속놀이라 각종 세시풍속에서 빠지지 않았다. '어린아이나 여자들도 활쏘기에 능했다'는 구한말의 기록이 있을 정도다.

하지만 관리가 까다롭고 값비싼 각궁에 반해 목궁은 가장 널리 쓰인 실전용 활임에도 제작법이 거의 구전에만 의존한 터라 관련 기록이 형편없이 부족했다. 현중수 장인은 산척 출신 노인들을 찾아 전국을 유람하며 소실된 목궁의 기억을 일일이 되살려 수집하고, 이야기 속 나무를 구하러 산하를 헤맸다. 나무의 특성을 이해할 때까지 지겹도록 실패했다. 전통 목궁을 재현하기 위해 사용한 나무만도 대형 트럭 여섯 대. 만들고 쏴 보는 과정을 무한히 반복한 세월이 무려 이십 년. 아들 승환 씨도 옆에서 그 시간을 함께하며 아버지의 고민을 공유했다. 부자는 사라져가는 전통 나무활 문화를 이어갈 방도를 오래 궁리해왔다. 산채는 그 근간이 될 공간이다.

'산척의 쉼터 산채'에서는 전통실전활쏘기협회장 현중순 장인이 제작한 수제 목궁을 감상할 수 있고 지도하에 활을 직접 쏘아볼 수도 있다. 현중순 씨의 장남이자 전통 목궁 제작 기술을 4대째 계승하고 있는 전수자 현승환 씨가 역사, 지질, 생태 등 연천 지역 스토리텔링에 기반한 '활 사냥 체험' 프로그램을 운영하며 활 사냥 문화 전반에 관한 교육을 주관한다.

대부분의 국궁 활터는 야외에 있어 바람과 날씨의 영향을 크게 받지만, 실내 공간인 산채에선 눈이 오나 비가 오나 활쏘기가 가능하다. 궁도에 따르는 예와 범절은 철저히 엄수하면서 초심자가 활쏘기의 재미를 쉽게 느낄 수 있는 방식으로 가르친다. 활쏘기의 특성 중 역동성과 호전성만 강조되는 경우가 흔하지만, 무예로서의 궁도는 굉장한 심신 수련을 필요로 한다. 고요한 마음으로 호흡과 몸짓을 정결히 가다듬어야만 활을 올바르게 쏠 수 있다.

지역 주민들이 자부심을 가질 수 있는 문화재로서 거듭나고 싶다는 승환 씨의 목소리가 다부지다. 매년 '흑의장군배 실전 활쏘기 대회'를 주최하며 전통 실전 활쏘기협회 중앙지부 역할도 해오고 있는 산채는 이미 '궁사들의 성지'로 알려져 있다. 활 좀 쏴봤다는 이들이라면 너도나도 수소문해 찾아오고 가르침을 받겠다며 오는 이들도 적지 않다. 산채는 개인·단체 체험객들의 운동 공간으로 운영하는 한편 정식 전수자 코스를 개설하고 공연 시범단도 꾸리는 등 직업 교육도 조만간 마련할 계획이다. '활 만드는 집'이 앞장서 이뤄가는 '활의 고장'을 보게 될 날이 머지않은 것 같다.

> 무예로서의 궁도는 굉장한 심신 수련을 필요로 한다. 고요한 마음으로 호흡과 몸짓을 정결히 가다듬어야만 활을 올바르게 쏠 수 있다.

산척의 쉼터 산채
주소 경기 연천군 전곡읍 은대로2 **문의** sanchaehistory.modoo.at

연천농촌관광CB센터

유튜브 스트리밍으로 차 안에서 실시간 해설을 들으며 연천의 지질 명소를 둘러보는
색다른 체험. 언택트 시대의 따로 또 같이 하는 드라이브스루 투어 어때요?

'구석구석 여행사'는 연천에서 체험 농장을 운영하거나 지역의 자원을 교육하는 '연천 농촌관광CB센터' 조합원들이 합심해 설립한 로컬 여행사다. 이들 대부분은 지질과 생태 전문 해설사 과정을 수료한 주민들로, 다양한 유산을 품고 있는 연천의 구석구석을 보여주기 위해 관광 상품을 직접 기획하고 개발하며 가이드까지 한다. 역사와 생태 자원을 모두 활용해서 흉내 낼 수 없는 '로컬의 맛'이 가득한 투어를 지향한다.

다소 생경하게 들리는 드라이브 스루 투어는 연천 주민들이 운영하는 '구석구석 여행사'가 언택트 시대를 맞아 선보이는 안전하고 착한 여행이다. 참가자들은 유튜브 스트리밍을 통해 실시간 해설을 들으며 연천의 지질 명소들을 둘러보는 색다른 경험을 하게 된다. 이동은 개인 차량을 이용해 각자 하고, 명소에 도착하면 모여서 지질과 생태 특성을 쉽고 명쾌하게 풀어주는 도슨트 해설을 듣는다. 해설이 끝나면 잠시 흩어져 개인적으로 감상하는 시간을 가진 뒤 다음 포인트로 이동하는 방식이다.

안내에 따라 유튜브 앱에 접속하고 '구석구석 여행사' 채널의 라이브 스트리밍을 켜면 투어가 시작된다. 차로 이동하는 동안 가이드가 한탄강이 지질공원으로 인증받은 연유와 좌상바위에 얽힌 비밀, 군민만 아는 궁평리 마을 맛집들을 연달아 소개한다. 보이는 라디오나 팟캐스트를 듣는 것처럼 친숙하다. 중간중간 가이드가 던지는 팁과 농담들이 애드립처럼 더해지는 통에 웃음 그칠 새도 없다. 라이브만이 가진 맛이다.

"여러분, 지금 건너는 다리가 '궁신교'입니다. 왼편에 보이는 가장 큰 바위섬이 좌상바위예요." 일제히 고개를 돌리자 웅대한 덩치의 좌상바위가 차창에 꽉 들어찬다. 창문을 살짝 열고 강이 휘둘러 흐르는 바위를 바라본다. 투어 포인트에 도착하면 차에서 내려 각자 천천히 산책하며 지질명소를 둘러본다. 아는 만큼 보인다 했던가. 차 안에서 유튜브로 들었던 이야기와 현장의 생생한 도슨트 해설이 겹쳐지자 자연이 만들어낸 동양화 한 폭을 관람하는 기분이다.

"연천은 지질 과학 연구서이자 역사 교과서예요. 그럼에도 여전히 비무장지대 이미지만 강조되는 게 안타까워요. 제대로 관광한다면 한 번도 안 와본 사람은 있어도 한 번만 오는 사람은 없을 곳이 연천이라니까요."

임진강 주상절리 앞에서의 사진 촬영을 끝으로 여정을 마무리한 드라이브 스루 투어는 시간이 어떻게 흐르는 줄 모르게 좋았다. '따로 또 같이' 하는 여행의 편리함과 안전함은 물론이고 투어 내내 귀가 흥거운 라이브 해설과 교통체증이라곤 볼 수 없는 교외의 한적한 도로도 드라이브의 즐거움을 배가시켰다. 투어 코스는 참가자들의 취향과 요구에 맞춰 얼마든지 변형 가능하다고. 서울 근교에서 짧고 굵게 즐길 수 있는 알짜배기 로컬 여행에 구미가 당긴다면, 다가오는 휴일엔 드라이브 스루 여행 어떨까.

> 우리가 수십년 살아오면서 체득하고 이해한 연천의 장점들을 테마별로 소개하고, 일반 민간 여행사나 인터넷 블로그에서는 절대 찾을수 없는 특별한 여행을 선물할거예요.

연천농촌관광CB센터
주소 연천군 전곡읍 전곡로 112 **홈페이지** yctour.modoo.at
문의 031-835-4545

GEO Food 연천의 소중한 먹거리

연강술술효연재

팜셰프에이롬

연강술술효연재

구슬처럼 맑고 깨끗한 냇물이 흘러 옥(玉)계라 불리는 마을의 시냇물을 따라가다 야트막한 기슭을 오르면 소담한 농가 카페 효연재가 있다.

휴전선 바로 아래, 경기도 최북단에 자리한 연천은 여러모로 신비한 땅이다. 우선 북방 비무장지대에서 발원한 맑은 물이 흘러 들어온다. 한편 이곳은 구릉이 발달했는데, 경작지로서 구릉은 굉장히 비옥한 땅이다. 기후도 유별나다. 가장 더운 날과 가장 추운 날의 연교차가 30℃에 달하고 일교차도 커서 열대야로 지치는 여름밤에도 연천만은 서늘하다. 그래서일까. 연천 땅에서 나고 자란 것들은 대체로 맛이 뛰어나다.

북쪽 평야에서 생산되는 쌀은 낟알이 튼실하고 차지다. 전국 생산량 80%를 차지하는 율무 품질이야 말할 것도 없고 단호박은 수요량이 공급량을 훌쩍 웃돈다. 병배와 병포도 역시 오직 이곳에서만 볼 수 있는 귀하신 몸들이다. 북녘의 청정한 물이 기름진 남녘 땅에 스며들어 키워낸 연천의 우수한 농산물. 이들을 가리켜 '남토북수(南土北水)'라 부른다.

연강술술 효연재는 남토북수를 씹고 뜯고 맛보고 즐길 수 있는 '로컬푸드 곁두리 카페'다. 계절에 따라 변화하는 연천의 자연을 고스란히 담아낸 제철 도시락을 먹을 수 있고, 텃밭에서 막 따온 싱싱한 채소로 차린 주안상을 받아보며 주예사가 직접 소개하는 지역 민속주를 마실 수 있다. 인원 상관없이 하루 전에 예약해두면 그때그때 구할 수 있는 작물을 활용한 팜-투-테이블(Farm-To-Table) 다이닝 경험도 가능하다.

효연재에선 연천의 사계절을 맛볼 수 있는 '연천 계절 도시락'을 판다. 지역의 자랑 율무와 단호박이 주재료이며 부수적인 찬들은 철에 알맞게 바뀐다. 탱글탱글한 율무를 넣어 지은 밥에 매실장아찌를 넣고 한입 크기로 뭉쳐서 적근대, 고춧잎, 아욱 등으로 정갈히 감싼 율무 롤밥은 쫀득한 율무와 새콤한 매실이 씹히는 사이 은근히 번지는 나물 향이 조화롭다. 오디 발효액 드레싱을 뿌린 토마토 샐러드는 아삭함과 상큼함에 입이 즐겁다. 담백하게 구운 한돈 삼겹살 위에 마늘 소스를 얹은 스테이크와 채소 장아찌의 궁합도 좋다.

고기를 제외한 재료는 모두 '연천산'. 멀리 갈 것도 없이

> 연천 계절 도시락엔 나를 둘러싼 자연의 소중함, 그리고 이 땅에서 나고 자라는 모든 것이 나를 이룬다는 점에 대한 감사함이 담겨있습니다.

효연재 바로 옆 비탈진 텃밭에서 무농약 친환경으로 키운 채소들이다. 오디는 집 앞 나무에 주렁주렁 열려있고 쑥이나 민들레잎은 기특하게도 매년 노지에서 스스로 자란다. 감사하는 마음으로 툭툭 따다 깨끗이 씻어 내기만 하면 된다. 한탄강, 영평천 두 물길이 만나 어우러지는 지질명소 아우리지처럼 자연에서 내어준 것들이 도시락 안에 옹기종기 모여있다.

"'로컬 푸드'가 다른 게 아녜요. 신토불이라고 하죠? 내가 발 딛고 사는 땅에서 나는 것이 내 몸과도 가장 잘 맞아요. 특히 시골에 살면 먹는 것부터 달라집니다. 주변에 먹을 것이 지천으로 널려있으니 한정돼 있던 밥상이 풍요로워져요. 연천 계절 도시락엔 맛과 영양뿐 아니라 제가 믿는 가치도 담겨있습니다. 나를 둘러싼 자연의 소중함, 그리고 이 땅에서 나고 자라는 모든 것이 나를 이룬다는 점에 대한 감사함요."

귀농 십 년차인 미영 씨는 늘 분주하다. 귀농귀촌회 회장, 귀농귀촌 멘토, 연천양조장 홍보이사, 효연재 대표 등등 불리는 이름도, 하는 일도 많다. 효연재도 집주인을 닮았다. 어수룩한 초보 농사꾼이 베테랑 선배들을 만나는 배움터이고, 믿을 수 있는 장터이며 연천 여행자의 안식처인 집. 연천 땅이 그녀에게 그랬듯이. 그렇기에 오늘도, 효연재의 문은 활짝 열려있다. 누구에게나.

효연재
주소 연천군 군남면 군남로 782-2 **문의** 010-9150-4963

팜셰프에이롬

"땅은 거짓말을 하지 않는다"는 문장을 늘 마음에 새기며, 친환경 농법으로 연천에서 직접 길러낸 제철 재료로 건강한 디저트와 파스타를 만드는 부부의 공간.

친환경 농법으로 길러낸 채소와 과일을 넉넉히 넣어 구운 쿠키와 타르트, 스콘이 지역의 젊은 입맛을 사로잡으면서 연천을 대표하는 베이커리로 자리를 굳혔다.

유럽풍의 옅은 브라운빛 벽돌과 커다란 창을 품은 집, 팜셰프에이롬(FarmChef A-Rome). 홀린 듯이 노란색 대문을 열고 안으로 들어서자 파스텔톤 커튼과 타탄체크 무늬 식탁보, 짙은 우드톤의 가구와 소품 하나하나가 모여 자아내는 분위기가 따뜻하고 포근하다.

팜셰프에이롬은 귀농한 젊은 부부, 아롬 씨와 호성 씨가 땀 흘려 키우고 거둔 제철 재료로 건강한 디저트와 파스타를 만드는 가게다. 직접 가꾸는 농장과 본래 이탈리안 셰프인 아롬 씨의 이름, 그리고 파스타의 본고장 로마의 영문 표기법을 덧붙여 이름을 지었다.

서울에서 각자 요식업계에 종사하다 인연을 맺은 두 사람은 복작대는 도시 생활에 유달리 지쳤던 시기, 결혼 결심과 동시에 호성 씨의 본가가 있는 연천으로 이주했다. 귀향을 적극적으로 추진한 쪽은 의외로 시골 생활 경험이 전무했던 아롬 씨다. 시어머니가 홀로 가꾸는 고향집 텃밭에 일손을 보태고 요리하는 사람으로서 음식을 이루는 식재료를 직접 기르며 공부하고 싶은 마음에 부부가 어머니를 도와 농장 일을 함께한 지도 어느덧 5년이다.

두 사람이 일궈온 메뉴는 정말로 다양하다. 콩가루 크럼블 머핀, 비트 고구마 머핀, 쑥절미 스콘, 무화과 쿠키, 코코넛 쌀 파운드케이크 등 이곳에서만 맛볼 수 있는 메뉴가 십수 가지에 달한다. 계절마다 수확하는 작물이 다른 터라 메뉴 구성이 주기적으로 달라지는데, 여름엔 옥수수와 토마토, 가을은 단호박, 겨울엔 콩을 주재료로 쓰는 편. 모든 디저트는 비정제 원당을 사용해 과하게 달지 않고 원재료를 아낌없이 넣어서 재료 본연의 맛이 깊다. 달걀을 비롯한 동물성 재료를 일절 배제하고 만든 비건 제품이나 글루텐프리 제품도 마련돼 있다.

포슬포슬하고 촉촉한 머핀, 부드러운 티라미수도 저마다 팬층이 두텁지만, 그중에서도 맛과 색감이 독특한 '브루키'의 인기가 특출나다. '브루키'란 브라우니와 초코칩 쿠키를 결합해 굽는 디저트류를 일컫는 말로, 연천 지오파크 지질층에서 영감을 받아 지층의 단면을 브루키에 담았다. 조각 케이크처럼 자른 브루키 단면을 보면 콕콕 박힌 율무 알갱이가 꼭 현무암 같아 보는 재미까지 있다.

"각박한 도시와 다르게 지역은 무궁한 가능성이 열려있어요. 저희처럼 지역에 본가를 둔 청년 중 도시 생활에 진이 빠진 사람들이 있다면, 본인이 가진 능력과 창의성을 고향에서 활용해보라고 말하고 싶어요. 그렇게 지역에 젊은 농사꾼과 상인들이 하나둘 모이다 보면 서로 교류하고 협동하는 커뮤니티도 만들 수 있을 거라 생각해요. 그럼 연천도 다시 생기를 되찾을 수 있겠죠."

팜셰프에이롬에선 디저트뿐 아니라 아롬 씨의 주 무기인 파스타를 맛볼 수 있다. 통통한 새우가 들어간 크림 파스타와 진한 마늘 풍미를 입은 알리오 올리오는 엄지가 척 올라가는 맛이다. 부부의 인심과 세심한 서비스가 입소문을 타고 빠르게 번진 통에 가게는 연일 성황이다. 평일엔 동네 주민들이, 주말엔 멀리서 찾아오는 이들이 공간을 채운다. 그저 한적하기만 했던 동네 풍경도 조금 달라졌다.

부부는 "땅은 거짓말을 하지 않는다"는 문장을 늘 새긴다고 말했다. 거짓 없이 키운 좋은 재료로 정직하게 요리한 음식을 마음 편히 먹을 수 있는 곳, 항상 그 자리에 있어서 부담 없이 들를 수 있는 식당이 되고 싶다며 웃었다.

팜셰프에이롬
주소 경기 연천군 연천읍 연천역로5번길 19 1층
연락처 010-4475-4566
영업시간 12:00~21:00 (카페만 운영 15:00~17:00) 일, 월 휴무
인스타그램 @farmchef_megan

GEO Gift 연천을 담다

너른나무

락도요

다빈치 공방

연천석예원

너른나무 공방

**섬유미술을 하는 아내와 나무 공예를 하는 목수 남편이 따로 또 같이 작업하는 공방.
느리지만 묵묵히, 나무를 다듬어 조각한 연천의 자연.**

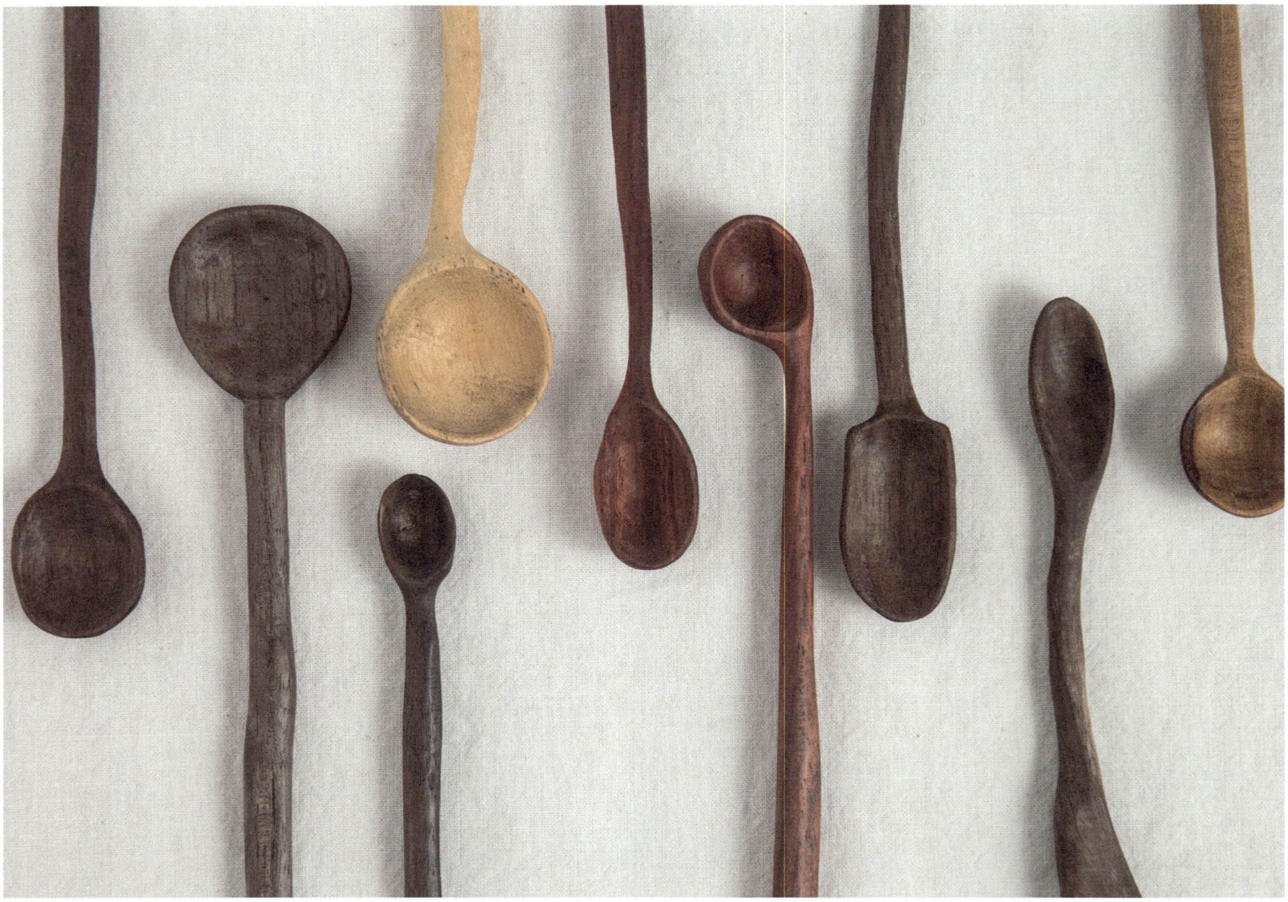

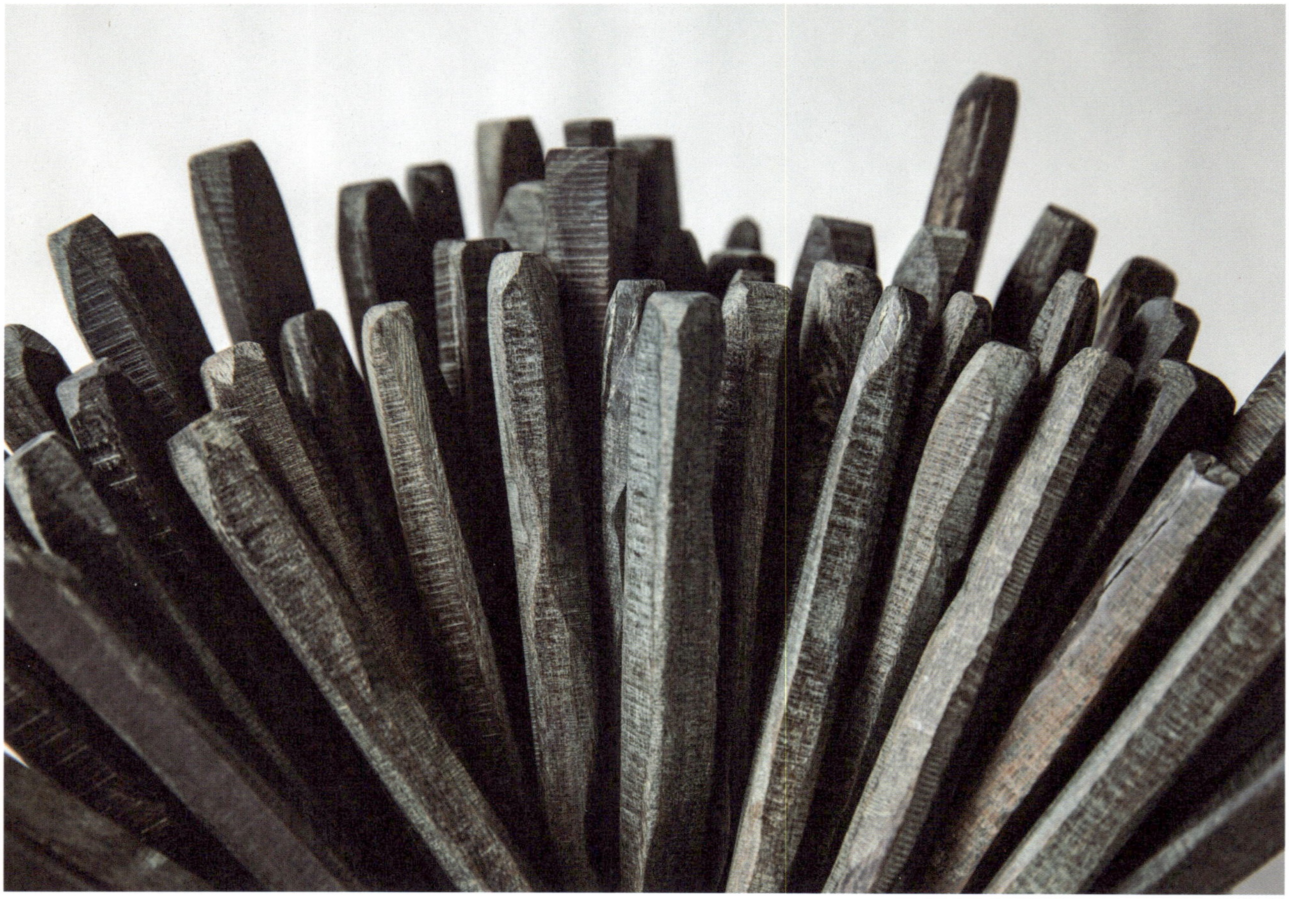

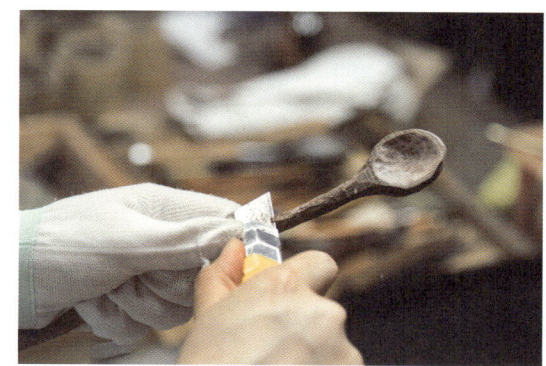

> 이 땅을 향유하면서 지키는 일이 앞으로 연천과 연천 사람들을 살아나가게 만드는 힘이 될 거라 생각해요.

전곡읍 양원리에 자리한 '너른나무'는 섬유 미술을 하는 이화진 작가와 나무 공예를 하는 박수동 목수 부부가 따로 또 같이 작업하는 공방이다. 말 그대로 넓은 나무를 가리키는 '너른나무'란 이름 속에 화진 씨가 직조하는 실과 천, 그리고 수동 씨가 다루는 나무가 전부 들어 있다. 이곳은 독특하게도 부부가 운영하는 식당 '산머루가든'과 공방이 한데 모여있다. 야외 마당에 수동 씨의 목공실이 있고, 안쪽은 화진 씨의 섬유공예 작업실 겸 갤러리다. 식당 홀 내부에도 화진 씨의 패브릭 작품이 이곳저곳 걸려있는가 하면, 우드카빙 숟가락이며 나무로 만든 도마와 장난감, 태피스트리 코스터 등 작업물들이 전시돼 있다. 식당이 쇼룸 역할까지 톡톡히 하는 셈이다.

부부는 연천에서 나고 자랐다. 유년 시절부터 이웃집 오빠 동생 사이로 지내던 둘은 성인이 될 무렵 각자의 꿈을 찾아 도시로 떠났다. 생업도 작업도 원하는 방향대로 흘러가주지 않던 시간들. 스스로 가진 미감이 대체 무엇인지 끊임없이 들여다보고 탐구하던 때, 부부는 두고 온 고향이 눈에 어렸다.

돌아온 고향 땅에서 수동 씨의 눈에 띈 것은 나무다. 썩은 나무뿌리 하나 허투루 버리지 않고 주워 모아서 작은 것부터 만들었다. 배운 적은 없으나 손이 기억하는 감각과 독학을 바탕으로 작업 단계를 높여 나갔다. 단풍나무를 깎아 스툴을 만들고 아내 작품에 어울리는 호두나무 액자, 식당의 테이블과 테라스, 선반까지 직접 만들었다. 화진 씨의 작업실도 수동 씨 작품이다.

지난 십수 년간 쉬지 않고 성심껏 가꿔오다 보니 이제 이곳엔 그의 손이 닿지 않은 데가 없다. 수동 씨의 손재주를 알아보고 찾아주는 사람들도 생겼다.

요새 인기가 높은 품목은 연천의 자랑 주상절리를 모티브로 만든 우드카빙 포크와 주먹도끼를 형상화한 마그넷. 상처를 치유해 주는 나무란 이름을 가진 '유창목(癒瘡木)'을 활용한 것들이다. 예부터 귀한 목재로 꼽혀온 유창목은 단단하고 내구력이 좋은 데다 나무 자체가 향유를 갖고 있어서 작업 후에 따로 인공 오일을 발라 코팅할 필요가 없다. 게다가 이 나무는 주상절리를 닮은 면이 있다. 깎고 다듬을 때 툭-툭 직선으로 끊어지는 맛이 마치 물살에 깎여 만들어진 주상절리의 선과 같다. 또 작업 직후엔 황색이지만 시간이 갈수록 나무 본연의 빛인 올리브색으로 변해가는데, 가만히 보고 있자면 녹색 원시림이 켜켜이 뒤덮은 주상절리 지층이 연상된다. 석기시대 주먹도끼의 모양을 본떠 만든 마그넷은 언뜻 보면 그저 주먹도끼와 다를 바 없지만, 올록볼록한 곡선에서 너울져 흐르는 한탄강의 물결이나 유려한 산세가 느껴진다.

"살아보니까요. 자기가 가진 것이 소중한 줄을 알고 지키는 게 힘이더라고요. 어릴 적엔 촌스럽고 세련되지 못한 이곳을 떠나고 싶었는데 돌아와 보니 알겠어요. 촌스럽고 세련되지 못한 게 아니라 꾸밈없고 자연스러운 모습이고, 그게 제일 소중한 가치란 사실을요. 그런 모습이나 가치는 인위적으로 만들 수 없어요. 지질공원도 마찬가지 아닐까요? 어디서 볼 수도, 만들 수도 없는 지형이라잖아요. 그래서 보존 가치가 높다고요. 이 땅을 향유하면서 지키는 일이 앞으로 연천과 연천 사람들을 살아나가게 만드는 힘이 될 거라 생각해요."

과거가 무의식적 기억의 도움을 받아 예술 속에서 회복되고 보존될 수 있는 방법을 알려주는 마르셀 프루스트의 걸작 <잃어버린 시간을 찾아서>에서 매순간 깊은 깨달음을 얻는다는 아내. 고향과 연결된 생의 기억들을 갈고 닦아서 너른나무만이 이룰 수 있는 독창적인 지역 기념품을 내고 싶은 열망이 커졌다. 오래 걸리더라도, 연천의 감성을 제대로 녹인 작품을 만드는 장인 브랜드가 되어 남고 싶다는 마음을 응원한다.

너른나무공방
주소 연천군 전곡읍 양연로 1147 **문의** 031-832-2568

락도요

수수하고, 정갈하다. 도예가 송혜자 선생과 인사를 나누며 받은 첫인상이다.
작가가 거주하는 살림집이자 작업장인 '락도요'의 인상도 그렇다.

커다란 창으로 스며든 자연광이 유영하며 도자기를 비춘다. 원목으로 짠 넓은 선반 위 가지런히 놓인 화병, 항아리, 소반들이 청연하다. 공간을 눈으로 훑는 새 소박한 다과상이 내어진다. 따듯한 찻사발을 두 손으로 감싸 쥐고서, 이따금 불어오는 바람에 풍경이 흔들려 내는 청아한 소리를 듣는다.

호젓한 산 중턱에 자리한 '락도요'는 40년 동안 도자기를 빚어온 송혜자 작가의 공방이다. 거주 공간과 작업실, 두 채가 위아래로 나란히 있는 이곳에서는 분청 기법으로 제작한 생활자기를 감상할 수 있다. 모두 집 주변의 '일상적 자연'에서 얻은 영감을 담은 작품들로, 자연의 본성을 닮아 수더분하면서도 미학적인 개성이 있다.

서울 등지에서만 작업을 해왔던 선생이 산골에 둥지를 틀게 된 계기는 단순하고 강렬하다. 어느 날 우연히 연천에 들른 부부는 자연의 아름다움에 완전히 도취했다. 사방으로 펼쳐진 날 것의 자연과 고즈넉한 마당에 놓인 감나무에 매달려있던 대봉감이 마음을 빼앗았다. 고요한 기다림이 중요한 도예 작업을 하기에 더없이 좋은 환경이란 생각이 들어 망설임 없이 연천에 터를 잡았다. 선생은 이곳에 온 뒤 본래 작업 소재로 삼았던 자연을 더욱더 세밀하게 들여다보았다. 들판에 흐드러지게 핀 풀꽃과 산등성이의 푸른 기운, 유유히 흘러가는 강물과 새 소리를 흙과 버무려 어르고 주물렀다. 락도요라는 이름처럼 작업하는 즐거움이 날로 커졌다.

락도요의 도자기들을 보노라면 대체로 순하고 담백하다. 임진강 주상절리의 굵직한 각과 선을 옮겨서 구워낸 '연강', '현무', '화강', 3종의 머그잔은 화려한 기교 대신 중후한 기품이 살아있다. 물레를 직접 돌려 하나하나 만들기 때문에 자세히 살펴보면 컵의 모양과 개성이 각기 다르다. 둥글고 두툼한 바람결 수저받침은 둥글게 빚은 흙에 지질 단면을 그리고 붓으로 바람의 질감을 덧칠해 완성한 작품이다.

"연천은 원석이에요. 때 묻지 않은 아름다운 자연을 바탕으로 우리 역사의 굵직한 질곡을 면면이 간직하고 있는 곳이죠.

> 연천은 원석이에요. 때 묻지 않은 아름다운 자연을 바탕으로 우리 역사의 굵직한 질곡을 면면이 간직하고 있는 곳이죠

곳이죠. 바라는 게 있다면, 레지던시 프로그램을 통해서 젊은 작가들이 유입됐으면 해요. 고요하고 환경이 좋은 데다 풀어낼 이야기도 많은 연천의 조건이 예술가들에겐 굉장히 매력적이거든요. 신진작가와 향토작가가 교류하면서 서로 동기 부여가 되어주면 문화적 토양도 비옥해질 테고요. 지질공원 인증이라는 좋은 기회도 열렸으니, 연천이 문화예술을 가꾸는 슬로시티로 발돋움해나가길 기대해 봅니다."

지극히 평범한 것이 가장 특별한 것. 선생이 들려준 그의 작업관이다. 비범하거나 화려하지 않고 심심한 듯하지만, 돌아서면 그 여운과 잔상이 깊이 남아서 다시금 돌아보게 되는 것들을 말하는 것일 게다. 평범하게 보인다고 해서 가벼이 만들어지는 것은 아니다. 선생의 작품들은 흙을 준비하는 처음서부터 끝까지 일일이 그의 손이 닿는 우직한 방식을 거쳐 만들어진다. 그렇게 열과 정성과 기다림으로 빚은 찻잔에, 선생이 찻물을 채운다. 차를 채우는 손매가 참 단단하고 곧다.

락도요
주소 연천군 전곡읍 양원로268번길 30-15
문의 010-8777-4501

다빈치 공방

연천 어느 곳을 여행해도 가장 많이 들을 수 있는 단어는 지질과 돌이다.
맑고 깨끗한 연천의 자연을 만끽한 뒤 소소한 기념품을 찾고 있다면,
한탄강 조약돌을 닮은 비누로 여행의 추억을 가져갈 수 있다.

연천에서 가장 번화한 구역인 전곡 읍내에는 작은 공방이 하나 있다. '다빈치 공방'은 송지연 작가의 작업실 겸 쇼룸이다. 주전공은 금속 공예지만, 팔방미인이었던 '레오나르도 다빈치'처럼 다재다능해서 갖가지 재료를 능숙히 다룬다. 금속, 가죽, 돌, 점토, 나무 등 각 재료의 미적 특질을 살린 액세서리와 천연 비누, 디퓨저를 만들어 판매한다. 진열된 완제품 이외에 특별히 원하는 디자인과 소재를 지정해서 의뢰하면 주문 제작도 가능하다.

공방을 연 지 9년 차. 문화상품 디자인학 석사 과정을 밟은 지연 씨는 지역성을 온전히 담은 기념품을 꾸준히 고민해왔다. 아토피와 성인 여드름으로 고생한 탓에 오랜시간 스스로 만들어 써온 천연 비누를 지역의 특징을 살린 디자인으로 풀어내면 어떨까 싶어서 바로 작업에 착수했다. 연천 특산물인 옥계의 율무, 군남면의 단호박, 연천의 쑥 등을 갈아 만든 분말에 팔마로사와 레몬, 라벤더 같은 에센셜 오일을 첨가했다. 개별 비누의 색과 향, 효능이 최대화될 수 있도록 재료 배합 연구에 특히 공을 들였다.

연천여행을 하면서 가장 많이 듣는 단어는 지질과 돌이다. 하지만 여행의 추억으로 돌을 가져갈 수는 없으니 돌 모양 기념품을 만들어보기로 햇따. 현무암조약돌 모양으로 몰드를 뜨고 비누를 부어 굳힌 뒤 매끄럽게 깎았다. 그렇게 탄생한 것이 한탄강 조약돌 비누 시리즈다. 한탄강 조약돌 비누는 실제 조약돌 크기에 기반해 만들어져서 일반 비누에 비해 작은 편이다. 작은 만큼 휴대성이 탁월하고 위생적이기까지 하다. 주재료 분말이 무엇인가에 따라 색깔이 다른데, 이를테면 율무로 만든 '옥계리 아침이슬 머금은 율무' 비누는 우윳빛, 단호박이 들어간 '군남 노을진 단호박 밭에서'는 노란색을 띤다. 천연 성분을 사용했기에 아토피와 트러블이 잦은 피부에 좋고 미백 효과도 뛰어나다.

'한탄강 조약돌 비누'는 재사용이 가능한 친환경 유리병에 담겨 판매된다. 지오파크의 고장에 사는 주민이라면 주인 의식을 가지고 비닐과 플라스틱 사용을 지양해야 한다는 지연 씨의 소신을 반영한 결과다. 맑고 깨끗한 연천의 자연을 만끽한 뒤 여행의 피날레를 장식할 소소한 선물을 찾고 있다면, 잊지 말고 다빈치 공방에 들러보자. 분명 당신만의 보물을 건질 수 있을 것이다.

> 지오파크의 고장에 사는 주민이라면 주인 의식을 가지고 비닐과 플라스틱 사용을 지양해야 한다.

다빈치공방
주소 연천군 전곡읍 은전로 76
문의 031-832-2810

연천 석예원

**연천을 말할 때 빼놓을 수 없는 것 중 하나는 돌이다. 의외의 사실이지만
이 작고 신비한 도시는 천연 암석의 보고다. 세계 최대 협곡인 그랜드 캐니언의 암석 종류가
서너 가지인 데 반해, 연천에서는 서른 종류가 넘는 암석이 발견된다.
아주 다양한 연혁과 변천사를 가진 땅이란 의미이다.**

연천군 미산면에는 현무암 모양의 공예품을 만드는 석예원이 있다. 목가적인 전원 풍경 속에 그림처럼 놓인 석예원 마당으로 들어서자 정원 중앙의 기다란 석탁과 돌의자들이 눈길을 끈다. 주변을 둘러보니 가지각색의 돌 조형물이 빼곡하다. 수많은 돌탑과 돌산은 물론 화분과 새까지도 모두 돌이다.

연천의 현무암은 각별한 존재다. 제주도에나 있는 줄 알았던 현무암이 한탄강 주변에서도 쉽게 보인다. 평강군 오리산의 폭발로 분출한 용암이 강을 흘러 굳어서 형성된 현무암 지대가 드넓기 때문이다. 내륙 지대에서 현무암을 찾아볼 수 있는 곳은 한탄강 지역뿐이다.

다만 법적으로 자연석을 함부로 가져다 쓰거나 반출할 수 없기 때문에, 석고를 발포해서 원석과 가장 닮은 꼴을 재현해내는 과정을 반복했다. '석고를 이용한 현무암 몰드 및 그를 활용한 조형' 특허는 그 노력의 결과물이다. 연천석예원 주인장 김병성 대표가 수년간 연구에 매달리고 궁리한 끝에 유일하고 고유한 기술로 인정받았다. 지역을 대표하면서 의미도 담긴 공예품을 고심하던 그는 맷돌에 주목했다.

1970년대까지만 해도 맷돌과 절구는 어느 집에나 있는 필수품이었다. 석예원의 미니 맷돌 화분에는 이처럼 전통 문화재인 맷돌과 주산지였던 연천의 옛이야기가 담겨있다. 한편 주상절리를 섬세하게 형상화한 돌 화분도 인기가 좋다. 크기가 아담하고 내구성이 뛰어나서 은월이나 염좌, 선인장 같은 다육 식물을 기르기에 적합하다.

> 돌은 시간이 흘러도 변하지 않아요. 오히려 시간이 흐르고 때가 묻을수록 더 고고하고 멋들어지게 되지요. 주상절리도 그렇잖아요? 돌을 만드는 마음도 비슷한 것 같아요.

"돌은 시간이 흘러도 변하지 않아요. 오히려 시간이 흐르고 때가 묻을수록 더 고고하고 멋들어지게 되지요. 주상절리도 그렇잖아요? 돌을 만드는 마음도 비슷한 것 같아요."

김병성 대표의 최종 꿈은 현무암과 폭포를 테마로 하는 돌 공원 조성이다. 크로아티아 플리트비체처럼 양옆으로 이어진 폭포 속에서 트래킹도 할 수 있는 공원을 구상 중이라고. 연습 삼아 만들어 놓았다는 크고 작은 돌 폭포들을 어루만지는 손길에서 온정이 전해져 온다. 육지에서 단 하나뿐인 현무암 공예인이 자연과 더불어 사는 곳, 연천석예원. 그곳에 가면 장인의 숨결이 닿은 아름다운 돌들을 만날 수 있다.

연천 석예원

주소 연천군 미산면 유노로 226 **홈페이지** kbsstone.modoo.at
문의 031-833-2141

GEO House 연천에서의 하룻밤

연천캠핑협동조합

징파나루연수원

푸르내마을

연천캠핑협동조합 '놀다오지'

아늑한 텐트를 치고 캠핑 체어에 몸을 묻은 채 낮잠을 자다가 땅거미가 내려앉으면
한탄강 위를 꼬리 지어 흐르는 별빛을 가만가만 더듬으며 세파로 누적된 피로를 흘려보내는
연천에서의 하루. 상상만으로도 평온하다.

캠핑이라는 문화의 가치는 자연 속에서 스스로 뭔가를
만들어내며 즐거움을 얻고, 그 과정에서 우애와 협동심을 쌓는 데에
있다고 생각해요. 그런 캠핑은 기억에 오래 남거든요.

고요한 자연속에서 휴식을 취하는 '캠핑'이 대세 여행으로 자리매김 중이다. 전국 각지의 캠핑장이 가족, 친구, 연인들로 북적인다. 서울과 가까운 데다 때 묻지 않은 청정 자연을 품고 있는 연천 역시 캠퍼들에게 각광받는 지역이다.

단순히 캠핑만 해도 좋은데, 인근의 특별한 로컬 스팟을 안내받아 둘러보고 이색 체험까지 즐길 수 있다면 어떨까. 연천 내에서도 손에 꼽히는 인기 캠핑장 '물꽃 캠핑장'과 'YC 글램핑'과 기획자가 뭉쳐서 설립한 연천캠핑협동조합 '놀다오지'는 개인 캠퍼 단위로 먹고 마시는 기존 캠핑문화가 참여형 체험과 로컬 관광을 통해 더욱 풍성해질 수 있도록 돕는다.

연천캠핑협동조합은 조합 내 각 캠핑장의 개성과 특성에 맞춘 체험과 이벤트를 연다. 공통적인 이벤트는 오래된 그림책을 팝업북으로 재탄생시키는 리사이클링, 보물찾기, 화관 만들기처럼 대체로 부모와 아이가 함께할 수 있는 프로그램이 많다. 아이들을 놀이터에 풀어두고 어른들끼리 모여앉아 술을 마시는 캠핑장의 일률적인 모습을 바꾸고 싶어 기획한 것들이다.

임진강 상류에 위치한 '물꽃 캠핑장'에선 아침이면 꽃처럼 피는 물안개를 볼 수 있다. 부지가 워낙 넓어 들어서는 순간 시야가 탁 트인다. 수영장과 테니스 코트, 간이 오락실, 해먹 등의 놀이 시설이 가득한 초입을 지나면 오토캠핑, 미니 카라반, 트레일러 펜션처럼 다양한 유형의 사이트 구성이 눈에 띈다. 항상 캠퍼 입장에 서서 생각하는 주인장의 철저한 관리 덕에 공용 시설 청결도도 최상이다. 과연 까다로운 입맛을 가진 캠퍼들 사이에서 오랫동안 호평을 유지하고 있는 캠핑장답다.

이곳은 강과 바로 맞닿아있어 참게잡이와 민물고기 낚시 같은 액티비티를 하기 좋다. 한 가지 놀라운 사실을 덧붙이자면, '물꽃 캠핑장' 전체를 둘러싸고 있는 절벽은 모두 주상절리라고. 심지어 안쪽 깊숙한 곳으로 들어가면 폭포수가 쏟아지는 동굴까지 만날 수 있으니, 그야말로 천혜의 자연을 한눈에 담아볼 수 있는 곳이다.

'놀다오지'의 또 다른 캠핑장 'YC 글램핑'의 경우 물꽃 캠핑장과는 사뭇 다른 분위기다. 너르게 펼쳐진 잔디밭에 여덟 동의 글램핑 텐트가 각각 충분한 여유 공간을 두고 설치돼 있어서 보다 고즈넉하다. 이곳의 자랑은 정성껏 가꿔낸 조경. 완만하게 경사진 캠핑장 곳곳에 식재된 나무와 바위들이 청량한 기운을 내뿜는다. 그 사이 모래로 뒤범벅된 꼬마들은 소꿉놀이에 여념 없고, 가장 안쪽에 놓인 수영장에서는 아이들이 왁자하게 물놀이를 한다. 캠핑장 전체가 마치 작은 숲속 같다.

비교적 아담한 규모의 'YC 글램핑'은 텐트와 무대 사이 거리가 가까워, 관람 집중도가 요구되는 버스킹과 샌드 아트 같은 공연을 즐기기에 적합하다. 연천의 엄마들이자 샌드아트 마스터 모임 '샌드마마즈'가 고운 모래알을 흩뿌리며 동화를 자분자분 그려내는 동안 아이들 눈빛이 호기심으로 반짝인다. 무엇보다 이들 모두 지역 주민이다 보니 지역이 살아나려면 같이 잘돼야 한다는 두터운 믿음을 공유하고 있다. 여럿이 모여 머리를 맞대고 서로가 서로를 연결하는 네트워크의 꼭짓점이 되어야 지역도 활성화될 수 있다는 생각이다. 사람들이 캠핑만 하고 떠나는 것이 아니라 연천의 숨은 매력을 알고 여행하길 바라는 마음도 크다.

캠핑장 매점에서 지역 농작물을 구매할 수 있으며, 젊은 창작자들의 플랫폼의 역할도 한다. 하루하루 활동 반경을 넓히고 있는 연천캠핑협동조합 '놀다오지' 사무실은 오늘도 쏟아지는 아이디어로 가득하다. '캠핑'하기 위해 연천에 오는 것이 아니라, '연천'이라서 캠핑을 오도록 만들고 싶다, 이들의 뜻 있는 실험이 기대되는 이유다.

물꽃캠핑장
주소 연천군 군남면 청정로 2122 **문의** 010-3627-2781
예약 cafe.naver.com/waterbloomcamping
YC글램핑
주소 연천군 미산면 청정로 1049 **문의** 010-5097-6446
예약 ycglamping.modoo.at

징파나루연수원

수만 년의 시간을 간직한 땅의 기운을 느끼며 명상하고 울창한 수목에 둘러싸여 보내는 하루.

'맑을 징(澄)'에 '물결 파(波)'. 강바닥의 자갈이 훤히 비칠 만큼 물이 맑아서 징파라고 불리던 곳. 절벽 아래 흐르는 맑은 강과 울창한 수목과 징파나루의 흔적을 간직한 마을, 북삼리의 시간은 천천히 흐른다.

'징파나루연수원'은 북삼리의 대자연 속에서 몸과 마음을 돌보고 원기를 충전할 수 있는 힐링스테이 체험관이다. 백여 명까지 수용 가능한 12개의 객실과 대형 세미나실, 수영장과 바비큐장까지 완비된 쾌적한 시설에 머물며 명상 수련과 기(氣) 체험을 할 수 있다. 국내 최초 명상을 동반한 지질공원 트래킹을 시그니처 투어로 운영하고 있으며, 이외 '민통선 DMZ 생태길 여행'과 '풍수지리 명소 힐링 탐방' 프로그램도 신청할 수 있다.

'GEO 명상힐링트래킹' 코스는 백의리층에서 출발해 아우라지 베개용암에서 종료되며 약 2시간이 소요된다. 백의리층은 아직 완벽하게 암석화되지 않은 퇴적층이다. 금방이라도 머리 위로 쏟아져 내릴 것만 같은 절벽이 형상을 드러낸다. 건너편에서 바라봐야 하는 다른 지질명소와 달리 백의리층은 정말 코앞에서 감상할 수 있다.

"한탄강은 물의 기운이 특히 넘치는 곳입니다. 자, 여기서부턴 발을 아주 천천히 내디디면서 물의 기운을 느껴보세요."

걸음 속도를 줄여 물의 구간을 지나면 '사모바위(신랑바위)'와 '비녀바위(신부바위)'가 등장한다. 사모바위는 양의 기운, 비녀바위는 음의 기운이 강한 바위로, 코스의 첫 번째 명상 포인트다. 이곳에서는 땅이 가진 정기를 실제로 깨닫는 '기장(기운이 강렬한 장소에서 기를 체득하며 명상하는 수련법)'을 체험해본다

> 건강한 에너지를 갖게 되면 긍정과 넓은 시야가 따라옵니다. 연천, 특히 이곳 북삼리는 풍수지리적으로나 기운으로나 명상과 참 잘어울리는 마을입니다.

음양의 기운을 골고루 몸에 저장한 뒤 다시 앞으로 나아가면 두 번째 명상 포인트에 닿는다. 이곳에서는 정좌로 명상하는 시간을 갖는다. 허리와 등을 곧게 펴고 순호흡을 한다. 켜켜이 쌓여있던 상념과 번뇌가 내쉬는 호흡을 타고 강물에 씻겨 간다. 대신 물새 떼가 날아가는 소리, 나뭇잎이 바람에 쓸리는 소리를 채운다. '원기'를 충전하는 과정이다.

"명상 수련을 통해서 음양오행이 조화를 이루고 합일될 때, 우리의 몸과 마음은 상승 에너지를 갖게 됩니다. 건강한 에너지를 갖게 되면 긍정과 넓은 시야가 따라옵니다. 단점보다 장점을 더 찾을 수 있게 되고 자존감이 높아져요. 아팠던 마음이 치유되니까 일상에도 변화가 생기죠. 연천, 특히 이곳 북삼리는 풍수지리적으로나 기운으로나 명상과 참 잘 어울리는 마을입니다. 누구나 지친 몸과 마음을 달랠 수 있는 휴식처가 되고 싶습니다."

마음먹은 대로 일이 풀리지 않을 때, 너무 빠르게 달리기만 한 대가로 심각한 번아웃 증후군을 얻었을 때는 시간이 느리게 흐르는 마을 북삼리로 가보자. 일상을 내려놓고 내면을 차분히 들여다보며 참된 휴식을 누릴 수 있는 곳, 징파나루 플레이앤휴로.

징파나루 연수원
주소 연천군 왕징면 군왕로 170 **홈페이지** jingpanaru.modoo.at
문의 031-833-5004

푸르내마을

**푸를 청, 푸른 산. 늘 푸르른 마을이라 '푸르내'라. 이름과 완벽히 들어맞는 모습이다.
쭉 뻗은 푸른 벼와 버드나무, 곧게 자란 옥수수나무며 오이 덩굴이 빈틈없이 땅을 메우고 있다.**

푸르내마을은 연천군 청산면 궁평리 사람들이 공동체를 이뤄 운영하는 농촌체험휴양마을이다. 재배하는 작물이 매우 다양해서 사계절 내내 즐길 수 있는 체험 거리가 가득하다. 봄철 모내기부터 가을철 벼 베기, 또 직접 거둔 농작물을 여러 형태로 가공하는 등 농사일의 소중함을 느낄 수 있는 농촌 활동과 게임, 명소 탐방을 포함한 프로그램이 50여 가지에 달한다. 체험객은 당일치기를 비롯해 마을에서 하룻밤을 보내는 숙박 결합 프로그램을 선택할 수 있다. 모든 일정에는 주민들이 밭에서 수확한 제철 식재료로 정성껏 차리는 시골 밥상과 참이 제공된다.

한탄강과 영평천이 만나는 아우라지에 폭 안겨있는 푸르내마을은 고요하고 청정하다. 방문한 이들이 가장 먼저 들르게 되는 체험관은 사무실과 교육장 및 체험장, 숙소를 겸한다. 체험관 주변으로는 온갖 채소와 곡식이 자라는 농장이 빙 둘러 늘어서 있고 낮에는 물놀이를, 저녁엔 꽃등 띄우기를 할 수 있는 수영장도 마련돼 있다. 푸르내마을에선 농산물 체험 이외에도 다채로운 야외 탐방이 마련돼 있다. 그중에서도 지질 명소인 좌상바위를 활용한 보물찾기 미션 게임이 인기다. 공룡이 살던 중생대 백악기 말의 화산활동으로 만들어진 좌상바위는 무려 60m에 달하는 우람한 몸집을 자랑하며, 예부터 궁평리의 수호자 역할을 해왔다. 해설사의 안내를 들으며 강물을 건너 좌상바위 앞에 모여 돌 사이 숨어있는 보물을 찾는다. 보물찾기에 성공한 이들에게는 푸르내마을표 농산물이 경품으로 주어진다.

"우리 마을은 한탄강 지질공원 내에 자리한 지오빌리지입니다. 영농체험 마을이야 전국 어딜 가든 많지만, 보존 가치를 세계적으로 인증받은 지질 지형을 자산으로 가진 곳은 흔치 않죠. 자연이 선물한 땅에서 농사일하는 우리가 주축이 된다면 지역의 지질학적 가치를 더 잘 알릴 수 있지 않겠어요? 푸르내를 운영하며 쌓아온 노하우와 진심을 총동원해서 여러 방식을 시도해볼 생각이에요."

주민들이 진심으로 키워낸 신선한 먹거리를 체험하고 지역의 유산에 대해서도 함께 알아갈 수 있는 장, 푸르내마을의 꿈이 오늘도 무르익어간다.

> 한탄강과 영평천이 만나는 아우라지에 폭 안겨있는 푸르내마을은 고요하고 청정하다.

푸르내마을
주소 연천군 청산면 청연로 30-62 **홈페이지** purnevil.com
문의 031-833-5299

GEO Travel 연천을 여행하다

연천 Noodle & Cafe
연천 GEOPARK HIKING

연천 누들로드

DMZ 접경지대 연천엔 당연히 군부대가 많다.
긴장된 군생활 속 한 줄기 쉼이었던 부대 인근 맛집.
제대 후에도 다시 찾고 싶은 군인픽(pick)!
면 요리로 세끼를 해결할 수 있을 만큼
다양한 음식점이 많은 연천에서 군인들의 꾸준한 사랑을
받고 있는 곳을 소개한다.

제대로 된 황해도식 냉면,
황해냉면

황해도 출신 할아버지가 문을 연 평양냉면집이다. 지금은 할아버지의 지인이었던 연천 출신 사장님이 물려받아 운영을 이어나가고 있다. 슴슴한 황해도식 냉면에 수육을 주문하여 곁들여 나오는 보쌈김치를 함께 먹으면 새로운 평양냉면의 세계가 열린다. 남한에서는 흔히 먹어볼 수 없는 북한식 꿩만두도 추천한다. 메뉴판에는 없지만 수육 반접시도 주문가능하다.

주소
경기 연천군 왕징면 68-3

연락처
031-833-7470

영업시간
매일 10:00~19:00

가격
물냉면 7,000원,
수육 15,000원(반접시 8,000원)

제대 후에도 그리운 원조 비빔국수의 맛, 망향비빔국수

50년간 군부대 앞을 지키며 연천 부대 군인들의 사랑을 독차지한 망향비빔국수. 맵단짠(맵고 달고짭조름한) 망향 비빔국수는 영화 <강철비>에 등장하며 대중들의 사랑까지 받고있다. 여름 행사장 같은 넓은 홀에 들어가 테이블을 먼저 잡은 다음 계산대로 가 선불로 음식을 주문하면 가져다준다. 지금은 전국적으로 많은 체인점이 생겼지만 DMZ스러운 분위기를 제대로 느끼려면 본점으로 오시라.

주소
경기 연천군 청산면 궁평로 5

연락처
031-835-3575

영업시간
매일 10:00~20:30

가격
비빔국수 6,000원,
만두 3,000원

연천에서 만나는 이탈리아, 팜셰프에이롬

연천이라고 냉면과 비빔국수만 있는 것이 아니다. 남편의 고향인 연천에서 정통 파스타 레스토랑을 차려보자는 신아롬 셰프의 신념으로 여기까지 왔다. 갓 입대한 이병들의 분위기 있는 데이트를 책임지는 레스토랑. 오픈과 동시에 연천 주민뿐 아니라 전국에서 관심을 받고 있다. 부부와 어머니가 직접 농사지은 재료가 맛있는 파스타로 탄생하는 연천 대표 파스타집이다.

주소
경기 연천군 연천읍
연천역로5번길 19

연락처
010-4475-4566

영업시간
화~토 12:00~21:00 일, 월 휴무
/ 브레이크타임(디저트+음료
판매) 15:00~17:00

가격
새우크림파스타 8,900원,
알리오올리오 7,500원

연천 카페 호핑투어

DMZ 접경 지역이라 삭막한 풍경과 지루한 관광지만 가득할 거라 생각한다면 착각! 연천의 커피와 디저트 문화를 발전시키기 위해 노력하는 젊은 카페들이 속속 생겨나고 있다.

빵덕후의 성지, 전통 유럽식 빵, 라피유

연천의 대표 관광지 재인폭포 가까이 자리 잡은 라피유는 시골감성의 인테리어와는 다르게 정통 유럽식 빵으로 입소문 난 곳이다. 유기농 설탕과 천연버터, 엄선한 지역 특산물로 만드는 건강한 빵과 쿠키를 판매한다. 건강한 맛에 가성비도 좋아 멀리서도 부러 찾아오는 단골들이 많다. '베개용암빵', '좌상바위쿠키' 등 지질 명소를 담아낸 빵 역시 인기다.

주소
경기 연천군 청산면 청연로 34

연락처
031-5177-9979

영업시간
매일 9:00~21:00

가격
좌상쿠키 7,000원,
베개용암빵 4,500원

사과 과수원을 바라보며 마시는 사과주스,
애플팜페

부모님의 사과 과수원 옆에 차린 애플팜페는 카페를 운영하는 딸의 젊은 감각으로 만든 메뉴와 인테리어로 SNS상에서 많은 관심을 받고 있다. 특히 갓 딴 사과를 갈아넣은 '팜페주스'와 이름마저 귀여운 사당해주스(사과와 당근), 멘보샤 속을 새우 대신 사과로 채운 '멘보사과'가 가장 핫한 메뉴이다. 음료가 나오길 기다리며 사과 따기 체험도 해볼 수 있는 과수원 카페.

주소
경기 연천군 군남면 진상19길 41-36

연락처
031-833-4369

영업시간
화~일 10:00~19:00
(월요일 휴무)

가격
팜페주스 7,000원,
멘보사과튀김 4,500원

시간이 느리게 흐르는 공간,
연천회관

지난 7월에 오픈한 신생 카페로, 겉보기엔 창고 같지만 내부는 전혀 다른 공간이 펼쳐진다. 넓은 창, 따뜻한 목재 가구, 조용한 분위기에 한적한 여유가 공간 속에 흐른다. 연천 특산물인 율무로 만든 크림이 들어가 고소한 맛이 나는 연천커피가 시그니처로 인기가 좋고, 쑥과 오미자 등 연천에서 구할 수 있는 재료를 활용한 다양한 음료가 준비돼있다.

주소
경기 연천군 연천읍 평화로1219번길 42

연락처
010-2292-7011

영업시간
11:00~21:00 (수요일 휴무)/
브레이크타임 16:00~17:00

가격
연천커피(율무라떼) 5,500원,
진한 쑥 우유 6,000원

연천 둘레길

운동화 끈을 단단히 묶고 출발한다. DMZ를 가장 가까이서 걸어볼 수 있는 평화누리길과 연강나룻길은 훼손되지 않은 웅장한 자연과 곳곳에 설치된 군사시설물을 함께 볼 수 있는 독특한 길이다. 차 없이 연천을 여행하기가 쉽지 않지만 '연천'다운 여행을 하려 한다면 걷는 것 만한 방법은 없다. 독특한 길이 특별한 길이 되는 경험을 선사한다.

하이커를 위한 코스
연강나룻길 B코스

임진강의 옛이름 '연강'을 따서 지은 연강나룻길은 휴전선을 넘어온 임진강이 처음으로 남쪽 땅과 만나는 길이라고 하여 휴전선 아래 첫번째 길이라고도 불린다. 하이커들에게는 B코스가 인기다. 넓은 부지에 한옥 숙소와 카페가 들어선 로하스파크에서 시작해 같은 곳에서 끝나는 코스다. 특히, 북쪽을 향해 정중히 인사를 건네고 있는 거대한 조형물인 옥녀봉의 그리팅맨과 백팩커들의 성지라고 불리는 개안마루로 이어지는 코스는 SNS상에서 인증샷도 어렵지 않게 찾아볼 수 있을 정도. 새벽 물안개가 걷히고 신선한 공기를 마시며 걸을 수 있는 이른 아침에 걸어보길 추천한다. 소개하는 코스 중 가장 짧고 걷기 쉬운편이라 하이킹 초심자와 어린아이도 걷기에 좋다.

코스	로하스파크→옥녀봉→개안마루→현무암지대→가람애마을→로하스파크
거리	5.7km
소요시간	약 2시간30분

역사여행가를 위한 코스
평화누리길 10코스
고랑포길

구석기 선사유적부터 고려시대까지 오랜 역사를 품고 있는 연천은 길을 걷다 만날 수 있는 역사 유적지가 많다. 원당리 장남교에서 숭의전까지 이어지는 평화누리길 10코스 역시 걷다 보면 신비로운 유적지들이 눈앞에 나타난다. 황해북도에서 발원한 사미천의 징검다리를 건너 학곡리로 넘어가면 현무암 고인돌이 반긴다. 교과서에서 볼 법한 전형적인 생김새지만 연천의 현무암으로 만들어졌다는 게 특징이다. 얼마 떨어지지 않은 거리에 있는 연천 학곡리 적석총은 백제 유적으로 추정되며 오랜 시간 마을 주민들이 신성시 해왔다. 마지막 코스인 숭의전은 조선시대 때 고려 태조 왕건을 비롯한 고려왕의 제사를 지내던 곳으로 임진강이 내려다 보이는 언덕에 자리잡아 고요한 분위기로 마음이 차분해지는 곳이다.

코스 장남교→장남면사무소→사미천교→전동교→비룡대교→구미교→숭의전

거리 16.2km

소요시간 약 5시간55분

인스타그래머를 위한 코스
평화누리길 11코스
임진적벽길

10코스의 끝지점인 숭의전에서 다시 시작되는 11코스는 DMZ 평화누리길 12개의 코스 중에서도 손꼽힐만큼 아름다운 명소들로 이루어져 있다. 숭의전 뒷산으로 계단을 따라 올라가면 임진강이 한눈에 내려다 보인다. 계속 길을 따라 내려오면 대전차 방호벽이 마주보며 서있다. 무시무시한 군시설이지만 평화누리길에서는 하나의 작품처럼 보인다. 얼마 가지 않아 고구려 시대 성벽인 당포성을 지나치게 되는데 SNS에서 유명한 명소인 호로고루에 비해 덜 알려져 있지만 덕분에 방문객이 적어 멋진 사진을 남길 수 있다. 11코스의 마지막 지점인 군남홍수조절지에 다다르면 군남댐의 거대함이 느껴진다. 겨울철에는 겨울 하늘을 수놓은 두루미와 사진을 찍을 수 있는 특별한 장소이기도 하다.

코스 숭의전→당포성→임진강주상절리→임진교→허브빌리지→군남홍수조절지

거리 18.4km

소요시간 약 5시간30분

시간은 상대적이라 땅과 강에게는 천천히 흐른다.
Time is relative and flows so slow to the land and rivers.

훗날, 아주 짧은 이별이었던 것처럼.
Later on, It was like a very short farewell.

sodosi travel

vol. 1 yeoncheon

발행인 Publisher
강병호 Kang Byungho

편집 Chief Editor
조혜원 Jo Hyewon

에디터 Editor
정다솜 Jeong Dasom
권민지 Kwon Minji

사진 Photographer
조혜원 Jo Hyewon
김양수 Kim Yangsu

디자인 Design
디자인 작업실 크로씽(@design_crossing)

프로젝트 매니저 Project Manager
정소정 Jeong Sojeong
김양수 Kim Yangsu
권민지 Kwon Minji

도움 Support
올린콘텐츠랩 배현주 대표
연천군 지질생태팀 윤미숙 팀장

발행 Publishing
맛조이코리아 matjoykorea.net
서울 중구 청계천로 40 809호
matjoytour@naver.com

도서등록번호
ISBN 979-11-972211-1-8
초판 1쇄 발행 2020. 11. 11

소도시트래블
sodositravel.com
 sodosi_travel

소도시 트래블에 수록된 모든 글과 사진의 저작권은
맛조이코리아에 있습니다. 이 책에 실린 글과 사진의 무단 전재와
무단 복제를 금합니다. 소도시 트래블의 내용을 이용하려면
맛조이코리아의 동의를 받아야 합니다.